AF370027

INSTITUT DE FRANCE.

LA
VÉNUS DE MILO

PAR

M. RAVAISSON-MOLLIEN

MEMBRE DE L'ACADÉMIE DES INSCRIPTIONS ET BELLES-LETTRES

Lu dans la séance publique annuelle des cinq Académies
du 25 octobre 1890.

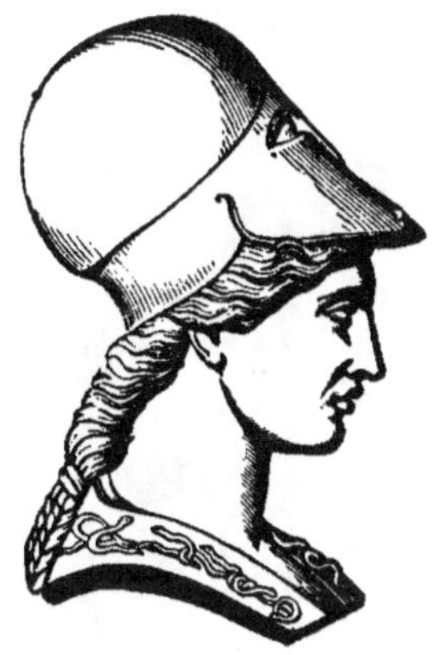

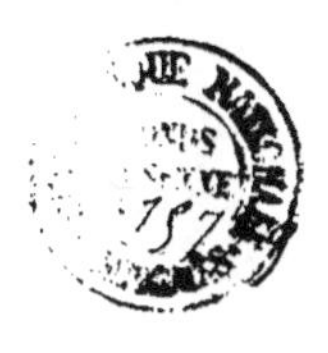

PARIS

TYPOGRAPHIE DE FIRMIN-DIDOT ET Cie

IMPRIMEURS DE L'INSTITUT DE FRANCE, RUE JACOB, 56

M DCCC XC

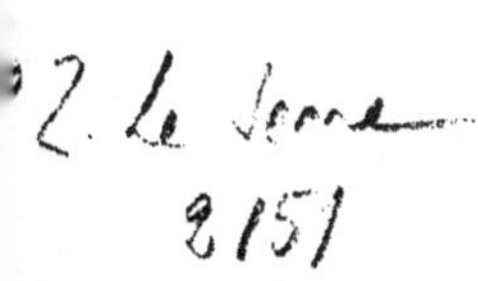

LA
VÉNUS DE MILO

PAR

M. RAVAISSON-MOLLIEN

MEMBRE DE L'ACADÉMIE DES INSCRIPTIONS ET BELLES-LETTRES

Lu dans la séance publique annuelle des cinq Académies
du 25 octobre 1890.

MESSIEURS,

C'était un usage universel autrefois, lorsque reparais-
sait au jour quelque ouvrage antique qui avait souffert de
l'injure du temps, d'entreprendre de le rétablir dans son
état primitif et de le remettre, pour ainsi dire, à neuf. Cet
usage a été nuisible à un grand nombre de morceaux précieux
dont les restaurateurs ont altéré le caractère et détruit en
partie la beauté. Aujourd'hui, mieux instruit des différences
de manière des époques et des écoles différentes, et ap-
préciant mieux la difficulté, sinon l'impossibilité qu'il y a
à s'approprier parfaitement dans une restauration le style
d'un monument auquel on voudrait rendre son intégrité
première, on veut de plus en plus que les restes du passé

soient laissés tels qu'ils sont. S'attaquer surtout à des chefs-d'œuvre pour les restaurer est une entreprise qui commence à être regardée comme une espèce d'impiété.

Il n'en est pas moins à désirer qu'on s'applique à restituer par la pensée ce qui subsiste de considérable de l'art d'autrefois. On l'a fait, on le fait tous les jours pour ceux des produits importants de l'architecture des anciens dont il reste des ruines; on peut le faire également pour les chefs-d'œuvre encore subsistants, mais plus ou moins mutilés, de leur sculpture. La Vénus de Milo est un débris sacré, auquel il faut se garder de toucher. Mais c'est, je crois, se livrer à un travail qui peut n'être pas inutile que de chercher à reconstituer en idée l'ensemble auquel il appartint.

La Vénus de Milo avait été trouvée dans la cachette qui la recélait depuis de longs siècles, mutilée comme elle l'est encore à l'heure qu'il est : nous le savons aujourd'hui par des documents irrécusables. Auprès de la statue se trouvait, avec un bras gauche, une main gauche tenant une pomme. Ce fut tout d'abord l'opinion générale que la statue avait représenté Vénus, élevant en l'air de la main gauche, pour le montrer, le prix de beauté que lui avait adjugé Pâris.

Je ne m'arrêterai pas à faire remarquer ce qu'il y a d'inadmissible dans une telle conception, au point de vue seul du goût. Gesticuler de la main gauche, a dit Quintilien à propos de l'action oratoire, ne réussira jamais à personne. Et en effet, on n'en trouverait pas d'exemples dans les œuvres des maîtres. Comment donc attribuer à la déesse de la beauté une action aussi disgracieuse ?

Mais ce n'était pas une moins grave erreur, que de recourir, pour expliquer la Vénus de Milo, au jugement de Pâris. Cette statue porte, avec des marques certaines du style qui fut celui du siècle d'Alexandre, des marques aussi de celui qui régna au siècle de Périclès, en sorte qu'il y faut voir, suivant toute apparence, une imitation, avec d'importantes différences et des qualités nouvelles, d'un type créé à une époque plus haute.

A une telle époque, la légende du jugement de Pâris n'existait pas encore. Ce fut une invention d'un temps de décadence de la religion et de l'art.

La Grèce, en ses premiers âges, adorait dans Vénus une déesse qu'elle appelait Uranie, ou la Céleste; comme cette reine du ciel que célébrait l'Asie, la Vénus d'alors était la souveraine de tous les mondes, et surtout du monde mystérieux que les dieux habitaient, et où venaient partager leur bonheur, après la mort, les élus. Elle ne différait pas, au fond, ou elle différait peu de Junon, de Dioné, de Proserpine. C'était une Providence, toute puissance et toute bienveillance en même temps, dont l'attribut ordinaire était une colombe, signifiant que c'était par l'amour et la douceur quelle régnait. Plus tard, au lieu de la colombe, on lui mit souvent à la main, comme à la main de Junon et de Proserpine, un fruit, pomme ou grenade, emblème de la béatitude et surtout de la libéralité divines, qui devint, dans une fable tardive la pomme de discorde promise à la plus belle, que devaient se disputer Vénus, Junon et Pallas.

L'union de Vénus et de Mars, semblable à celle de Jupiter et de Junon, de Neptune et d'Amphitrite, était, à l'origine, le symbole, qu'adoptèrent les poètes philosophes, de la loi universelle qui accordait, en une profonde harmonie, avec le principe de la diversité le principe supérieure de l'unité.

Ces vieilles conceptions s'altérèrent. Un législateur athénien, complaisant envers la foule, établit pour elle, à côté du culte de la Vénus céleste, celui d'une Vénus d'ordre inférieur, nommée la *populaire,* dont un Xénophon et un Platon parlent avec peu d'estime, et que Phidias ne paraît pas avoir jamais daigné représenter. Des deux divinités il se forma peu à peu une personnalité mythologique composite, avec une légende où l'antique et sublime poème se changea par degrés en un roman tissé de frivoles aventures : telles les amours furtives de Vénus, devenue l'épouse de Vulcain, avec Mars, tardivement introduites dans un des chants homériques ; telle mainte autre historiette du même genre.

Ainsi se raconta, aux basses époques de l'antiquité, et continua de se raconter jusqu'à nos jours la légende de Vénus.

Lorsque la statue de Milo reparut au jour, malgré son grand air, qu'on ne contestait point, on lui appliqua tout d'abord une mesure qui ne pouvait lui convenir. On fut presque unanime à croire que ce serait la restituer, telle qu'elle avait été, que d'en faire une beauté qui vient de triompher dans un concours par ses charmes, et s'en enorgueillit. C'est l'idée qu'on voulait exprimer par l'inscription latine que nous avons vue si longtemps à ses pieds et

qui la dénommait Vénus Victorieuse ; c'est l'idée sur laquelle on se régla en la dressant sur son piédestal, en face
des spectateurs, dans une attitude de dédaigneuse fierté.
Telle était cette attitude, exagérée par un vice d'installa-
tion qui rejetait en arrière le buste et la tête, qu'un
archéologue a pu faire de la déesse une femme de haut
rang en révolte contre un ravisseur qui veut l'entraîner.

Cependant un savant et sagace antiquaire, Quatremère
de Quincy, avait su reconnaître, à l'inspection seule de la
statue et de sa base, que la Vénus de Milo n'avait pas été
une figure isolée, mais qu'elle avait fait partie d'un ensemble. Se rappelant, de plus, plusieurs groupes antiques
où une Vénus toute semblable est groupée avec un Mars
debout à sa gauche, auquel elle paraît adresser des paroles
de paix et de tendresse, il en concluait que la Vénus de
Milo était un débris d'un groupe analogue. Il écartait,
d'ailleurs de sa restitution, comme n'ayant pas appartenu
à la statue, la main tenant une pomme, qui semblait alors
ne pouvoir se comprendre que comme se rapportant au
succès de Vénus sur le mont Ida.

J'ai cherché, dans un travail déjà ancien, à démontrer
que la restitution proposée par Quatremère de Quincy était
la vraie. Depuis, je me suis convaincu en outre que la
main, quoi qu'il en ait dit, et d'autres après lui, avait bien
appartenu à la statue ; mais de la configuration de cette
main ainsi que de celle du bras auquel elle se rattachait,
il résulte que le bras était ployé et la main demi-fermée, un
peu inclinée en avant, tenant négligemment la pomme. Et
c'est ce qu'on s'expliquera aisément si l'on suppose que la
déesse posait doucement le bras gauche sur l'épaule de

son compagnon, la pomme dans sa main étant ici un simple attribut, promesse tacite de félicité, tandis que, comme le prouvent les indices qu'offre le marbre de la direction du bras droit, Vénus élevait vers Mars la main droite pour accompagner du geste le discours qu'elle lui adressait ou pour le désarmer.

Rien qui s'accorde mieux avec les conceptions de l'époque à laquelle nous fait remonter, encore une fois, le style de la Vénus de Milo.

En même temps que j'essayais de confirmer la théorie qui groupe la Vénus de Milo avec un Mars, j'essayais de la compléter en déterminant, ce que Quatremére de Quincy n'avait pas entrepris, ce que c'était, plastiquement parlant, que ce Mars, et comment on se le devait imaginer.

Dans la plupart des groupes analogues à celui où devait figurer la Vénus de Milo, le dieu rappelle presque trait pour trait la belle statue de style demi-archaïque, venue de la collection Borghèse au Louvre, en laquelle on s'accorde à reconnaître aujourd'hui un Mars, bien qu'autrefois on y eût vu un Achille. à raison de son air de rêverie, où l'on croyait reconnaître la préoccupation de son inévitable destinée. Je crus, je crois toujours pouvoir en conclure que c'était avec un Mars très semblable, quoique sans doute d'un style moins ancien, qu'avait été groupée la Vénus de Milo.

Il est une difficulté qu'on a opposée à la théorie qui groupait la Vénus de Milo avec un Mars, quel qu'il put être. Telle est, a-t-on dit, la direction du regard de cette Vénus que si l'on plaçait un deuxième personnage à côté d'elle, ce regard ne le rencontrerait pas, mais irait se perdre dans l'espace.

Cette assertion, souvent reproduite, je l'ai vérifiée, en prenant pour le deuxième personnàge le Mars Borghèse, et elle s'est trouvée mal fondée.

Qu'on place auprès d'un moulage de la Vénus de Milo un moulage du Mars Borghèse, en donnant aux bras et aux mains de la déesse la disposition que je viens de dire, et en mettant à la main du Mars une épée, comme autorise à le faire l'exemple de plusieurs des compositions où figurent des personnages similaires. Il en résulte un groupe où les yeux de la Vénus, dirigés vers le Mars, semblent le chercher pour l'interroger, et où Mars, à demi tourné vers elle, mais la tête inclinée, paraît se demander, incertain, si, à l'appel de Vénus, il déposera l'épée qu'enserre sa main droite. Non seulement rien ne s'oppose à ce qu'on groupe ensemble les deux figures, mais leurs attitudes et leurs expressions sont dans la plus exacte concordance. Deux statues de premier ordre dont on n'a pu encore, en les considérant séparées, donner aucune explication plausible, rapprochées ainsi s'expliquent aussitôt l'une par l'autre, et forment un ensemble significatif d'une parfaite unité.

Ajoutons que cet arrangement, où la Vénus de Milo est vue de profil, ou presque de profil, est loin de lui rien ôter de sa beauté. Sa beauté y prend seulement à un plus haut degré le caractère que devait toujours avoir, suivant les anciens, la déesse de l'amour. Vue de face, telle qu'on la plaça au Musée sur son piédestal, ses formes et son mouvement ont quelque chose d'une force et d'une fierté viriles dont on l'a louée souvent, mais faute de se rappeler la doctrine antique, d'après laquelle la beauté masculine avait pour caractère propre la dignité, et la beauté féminine, la vénusté, *venustas*, ainsi appelée du nom de Vénus, et qui est faite d'élégance et de grâce. Vue comme elle a été faite pour l'être dans le groupe dont elle devait faire partie, la Vénus de Milo, sans rien perdre en grandeur et en noblesse, devient dans ses formes toute élégance, dans son mouvement toute grâce, et l'on reconnaît en elle, comme dit Virgile, la déesse qu'elle est.

Parvenu à ce point, nous pouvons faire un pas de plus.

Ce Mars que nous associons ainsi à la Vénus de Milo, est-ce bien en effet le dieu de la guerre? Il n'en a pas l'air ordinaire de mâle rudesse. Sa barbe est naissante, sa chevelure est longue, sa physionomie est juvénile et respire la douceur.

D'autre part, si c'est là le groupe conjugal que formaient aux anciennes époques Vénus et Mars, comment se fait-il que la déesse y occupe la droite et le dieu la gauche? N'est-ce pas là un indice que la déesse est ici d'un rang supérieur à celui de son compagnon? et dès lors celui-ci, admis par elle à la dignité de son époux, n'est-il pas cependant un simple mortel, ou du moins un de ces mortels d'ordre presque surhumain qu'on appelait des héros? C'est là une hypothèse qu'on trouvera admissible si l'on se souvient que la Vénus des temps primitifs, la Vénus céleste ne différait pas, au fond, comme je le disais tout à l'heure, de Proserpine, reine de la région mystérieuse où les élus venaient, au sortir de la vie terrestre et devenus des êtres divins, vivre en société avec les dieux, et dans laquelle elle les accueillait, suivant une croyance dont témoigne encore Virgile, en devenant leur épouse. En Égypte, aussi, les morts illustres devenaient des Osiris, époux de la souveraine du monde infernal, la grande déesse Isis.

La Vénus de Milo, d'ailleurs, pose le pied gauche sur une élévation de terrain d'une manière qui a été interprétée, d'après de nombreux exemples, et, selon toute apparence, avec raison, comme un signe de souveraineté. Certaines particularités du sol qu'elle foule paraissent indiquer que ce sol est celui de l'Élysée. Enfin sa chevelure à peine nouée et un peu flottante sur son cou, et son costume, avec cette draperie qui n'est que jetée, comme à la hâte, autour d'elle, semblent indiquer qu'elle sort du bain, et cette circonstance désigner ici en elle une nymphe, comme disaient les Grecs, ou fiancée. Le bain était, en effet le rite initial de tous les mystères, mais particulièrement du mystère suprême où ils tendaient, lequel était le mariage de la divinité et de l'humanité.

Quant à Thésée, figuré souvent avec des traits et des attributs herculéens, il l'était aussi, et plus souvent encore, comme un jeune homme ou même un adolescent aux cheveux longs, aux formes élégantes, et sa légende en faisait un type de douceur. Athènes prétendait, en domptant la férocité barbare, établir partout le règne de la douceur; et elle l'honorait avant tout en son patron Thésée. Thésée était l'ami et le protecteur des humbles; il avait élevé dans Athènes un autel à la Pitié, où venaient chercher un asile tous les misérables. Sophocle le représente recevant avec une bonté hospitalière, dans le séjour privilégié de Colone, le malheureux OEdipe. Sa commisération s'étendait jusqu'aux coupables : la prison publique était placée sous son invocation et dénommée le *Theseum*.

Ce sont là, en faveur de l'idée qu'il faut reconnaître dans le Mars Borghèse et ses pareils le héros athénien divinisé, des probabilités considérables. Une particularité notable de la statue paraît fournir à l'appui de cette idée une véritable preuve, et remplacer ainsi la vraisemblance par la certitude. Je veux parler d'un anneau qui enserre le bas de la jambe droite, anneau taillé dans le même marbre que la jambe et que toute la statue, mais creusé d'un trou où se voit encore du plomb qui n'a pu servir qu'à y sceller une cheville à laquelle s'attachait une chaîne ; anneau, par conséquent, qui ne peut guère être que la figure de celui par lequel on s'assurait des captifs. Dans deux peintures qui décorent des vases grecs, Thésée a la jambe droite entourée d'un lien qui est évidemment l'équivalent de l'anneau et de la chaîne. Et ces deux peintures le montrent après ses exploits, et néanmoins brillant de jeunesse, reçu dans l'empire divin par ses parents Neptune et Amphitrite. Dans la statue comme dans les peintures, l'artiste a donc voulu mettre en contraste avec la glorification présente un abaissement passé, et d'autant plus, sans doute, que cet abaissement avait été de nature plus méritoire. Hercule avait été esclave, soumis par le destin à Eurysthée ; Thésée avait été, de plus, captif volontaire, lorsque, afin de tirer des compatriotes de ces cachots aux détours inextricables qu'on appelait le Labyrinthe, et où les détenait le Minotaure, il y était spontanément descendu. Rien de plus naturel que de l'orner, au moment où il est admis dans le royaume divin, d'un insigne qui rappelle sa noble abnégation. Dans l'iconographie chrétienne, le Sauveur ressuscité et monté au ciel laisse voir ses plaies encore béantes.

Maintenant, où devait avoir été d'abord incorporée, pour ainsi dire, en un monument de l'art une semblable conception, sinon dans la cité où étaient le mieux compris les idées et les sentiments qu'elle contenait, et où étaient le plus en honneur les êtres mythologiques qui en étaient les personnifications, c'est-à-dire dans Athènes?

A Athènes même il y avait pour un monument de ce genre un emplacement naturellement désigné : c'était la région qu'on appelait le Céramique, où étaient ensevelis ceux qui, dans les grandes guerres contre les barbares, avaient succombé pour la patrie. Une partie en était un gymnase, où s'achevait l'instruction de la jeunesse, et à l'entrée duquel s'élevait un autel de ce Prométhée qui s'était sacrifié pour donner à l'humanité le feu céleste, et un autel de l'Amour. Sur ce dernier autel s'allumaient les feux qu'on se passait de main en main dans la course qui avait lieu annuellement en l'honneur des morts. On élevait ainsi la jeunesse en la présence des ancêtres dont les monuments promettaient, comme tous ceux que la Grèce, en son meilleur temps, consacrait aux morts, le bonheur dans l'immortalité; en la présence aussi des dieux et des génies qui les avaient inspirés et assistés. Quelle place plus appropriée qu'une telle nécropole à une œuvre monumentale qui enseignait, au moyen de l'apothéose de l'héroïsme, défini par la générosité, la route qu'il fallait suivre dans la vie terrestre et le but où elle menait dans une vie meilleure et plus durable?

A l'appui de l'hypothèse suivant laquelle la Vénus de Milo est une Vénus céleste accueillant, pour l'égaler à Mars, le grand héros d'Athènes, on peut invoquer un document historique qui, en la confirmant, en agrandit la portée, et qui nous met, si je ne me trompe, en mesure de nommer l'auteur même auquel remonte la composition, lequel auteur est justement celui dont elle porte au degré le plus élevé le cachet.

Le document dont je veux parler est un témoignage de plusieurs auteurs, d'après lequel on admirait à Athènes, en un endroit appelé les Jardins, une statue de la Vénus céleste, œuvre achevée par Phidias.

Ce qu'on appelait les Jardins, à Athènes, c'était une région, couverte d'oliviers, de lauriers, d'orangers, de myrtes et toute embaumée de fleurs, arrosée qu'elle était par les eaux intarissables du Céphise ; et cette région n'était autre que celle qu'occupait le Céramique. Les tombes y étaient semées sous des ombrages qui devaient figurer aux imaginations les jardins enchantés de l'Élysée. A Arles, ce qui fut jadis la nécropole et où l'on voit, sous de grands arbres, des tombes antiques, est appelé aujourd'hui encore les Aliscamps ou champs élyséens. Comment ne pas reconnaître, dans la Vénus céleste des Jardins qui y avait été placée par Phidias, cette Vénus, reine du monde divin, qui y recevait, dans le groupe qui nous occupe, le patron d'Athènes ?

La grâce fut proprement ce qu'introduisit dans l'art le génie grec, et l'artiste qui en pénétra la sculpture fut Phidias. Le premier, ce semble, il donna à ses figures ces mouvements onduleux qui avaient été étrangers à la roideur antique ; avant lui, on avait connu la grandeur : ce fut lui qui y ajouta la grâce. C'est, ce semble, qu'il en avait compris mieux qu'aucun autre le principe, à savoir la douceur, à laquelle plus tard Léonard de Vinci, dans ses méditations sur la peinture, devait réduire l'harmonie.

L'auteur de ce Jupiter d'Olympie qui ajouta, dit un ancien, à la religion des peuples, digne image, inspirée d'Homère, du dieu qui ébranlait le monde d'un mouvement de ses sourcils et dont pourtant l'un des surnoms renfermait le nom du miel, ne s'en tenait pas à la mythologie vulgaire, déjà élevée pourtant, qui faisait naître l'amour de la déesse de la beauté. Sur un des bas-reliefs dont il avait décoré le trône du Jupiter d'Olympie, il avait représenté Éros tirant de la mer Vénus.

N'était-ce pas dire, dans le langage figuré de l'art, que c'était la beauté qui devait la naissance à l'amour?

Les belles choses, a dit un penseur moderne, qui a plus d'une fois approché de Platon, sont celles qui ne semblent pas seulement aimables, mais qui ont l'air d'aimer. Cela est vrai surtout des plus belles de toutes, celles qui se prêtent le mieux, par leurs formes, aux mouvements de grâce suprême que Léonard de Vinci nomme les mouvements divins : expressions naturelles, en effet, de la qualité divine entre toutes, qui est la bonté.

Nul autre comme Phidias ne pouvait donc concevoir et traduire en un chef-d'œuvre une composition destinée à représenter la grâce même en son double sens, moral et physique. Ce chef-d'œuvre dut être, entre tant d'autres qu'il produisit, celui où s'exprima de la manière la plus complète son génie propre.

Phidias avait rebâti sur l'Acropole la maison de Pallas appelée Parthénon, ou maison de la Vierge, qu'avaient détruite les barbares de l'Asie ; Pallas, patronne de la cité, qui la dirigeait et l'assistait dans ses entreprises comme elle dirigeait et assistait tous les héros. Dans cette maison de marbre il avait placé l'image en ivoire et en or de la déesse, et tout près une autre image en bronze de cette guerrière, menaçant d'une lance tout ennemi de son peuple.

Placer dans la principale nécropole une image de la reine du ciel accueillant auprès d'elle l'héroïsme après ses travaux, c'était y placer, au milieu d'une sorte de paradis, par opposition aux symboles de la vie héroïque qui surmontaient l'âpre rocher de la citadelle, un symbole de la vie divine dont la vie héroïque procédait, à laquelle elle devait aboutir. Entre ces deux pôles, entre le sanctuaire de la vierge divine et celui de la divine épouse se passait l'existence athénienne, le tout enveloppé, dominé par l'idée d'une grâce souveraine.

Pour résumer tout ce qui précède, la Vénus de Milo nous représente, dans une variante exécutée au dernier des grands siècles de la sculpture antique, le principal élément d'une composition où la plus haute pensée dont se soit inspirée la Grèce avait été exprimée, au plus beau temps d'Athènes, en sa région la plus sacrée, par le plus éminent de ses artistes. Et dans cette variante il ne faut pas voir une simple imitation d'un type plus ancien. La qualité distinctive de ce type y est portée à son plus haut point, qui est le suprême de l'art. Si la grâce fut introduite dans l'art par Phidias, au siècle de Périclès, ce fut au siècle d'Alexandre qu'Apelle et Lysippe en firent connaître la perfection. Et c'est ce que nous montre, rendue à son aspect primitif, la Vénus de Milo.

Paris. — Typographie de Firmin-Didot et Cⁱᵉ, impr. de l'Institut, rue Jacob, 56. — 26798.

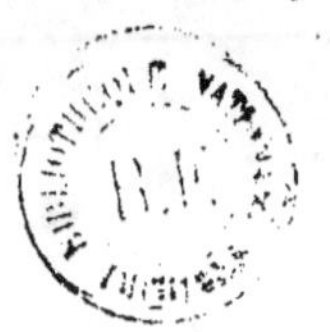